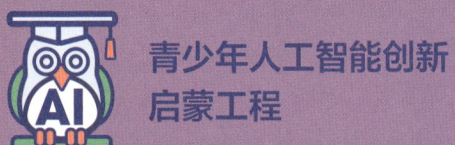

青少年人工智能创新启蒙工程

AI智启天才
思维萌芽

方海光 郑志宏｜总主编

田迎春 李炯 武佩峰｜主编

人民邮电出版社

北 京

图书在版编目（CIP）数据

AI 智启天才：思维萌芽 / 方海光，郑志宏总主编；田迎春，李炯，武佩峰主编. -- 北京：人民邮电出版社，2025. -- ISBN 978-7-115-65835-7

Ⅰ．G624.583

中国国家版本馆 CIP 数据核字第 2025DK9421 号

内 容 提 要

本书是一本为小学低年级学生精心打造的人工智能启蒙图书，旨在通过一系列趣味横生的实践活动，培养学生的逻辑思维和问题解决能力，为他们打开人工智能世界的大门。本书注重实践操作，不依赖任何电子设备，让学生在动手实践的过程中深入理解人工智能的基本思维，为他们未来探索人工智能领域奠定坚实的基础。本书适合小学低年级学生阅读。

◆ 总 主 编　方海光　郑志宏
　　主　　编　田迎春　李　炯　武佩峰
　　责任编辑　王　芳
　　责任印制　马振武

◆ 人民邮电出版社出版发行　　北京市丰台区成寿寺路 11 号
　　邮编　100164　电子邮件　315@ptpress.com.cn
　　网址　https://www.ptpress.com.cn

　　北京瑞禾彩色印刷有限公司印刷

◆ 开本：787×1092　1/16
　　印张：4.5　　　　　　　　2025 年 3 月第 1 版
　　字数：38 千字　　　　　　2025 年 5 月北京第 2 次印刷

定价：30.00 元

读者服务热线：(010)53913866　印装质量热线：(010)81055316
反盗版热线：(010)81055315

专家委员会

安晓红	边 琦	蔡 春	蔡 可	柴明一	陈 梅	陈 鹏
杜 斌	傅树京	郭君红	郝智新	黄荣怀	金 文	康 铭
李 锋	李怀忠	李会然	李 磊	李 猛	刘建琦	马 涛
陕昌群	石群雄	苏 宁	田 露	万海鹏	王海燕	武佩峰
武瑞军	武 装	薛海平	薛瑞玲	张 蓓	张 鸽	张景中
张 莉	张 爽	张 硕	周利江	朱永海		

编委会

白博林	鲍 彬	边秋文	卞 丽	曹福来	曹 宇	崔子千
戴金芮	邓 洋	董传新	杜 斌	方海光	高桂林	高嘉轩
高 洁	郭皓迪	郝佳欣	郝 君	洪 心	侯晓燕	胡 泓
黄颖文惠	季茂生	姜 麟	姜志恒	焦玉明	金慧莉	康亚男
孔新梅	李福祥	李 刚	李海东	李会然	李 炯	李 萌
李 婷	李 伟	李泽宇	栗 秀	梁栋英	刘慧薇	刘 娜
刘晓烨	刘学刚	刘振翠	卢康涵	吕均瑶	马 飞	马小勇
满文琪	苗兰涛	聂星雪	裴少霞	彭绍航	彭玉兵	任 琳
陕昌群	单楷罡	尚积平	师 科	石 磊	石群雄	舒丽丽
唐 森	陶 静	田 露	田迎春	涂海洋	万 晶	汪乐乐
王彩琴	王丹丹	王 健	王 青	王秋晨	王显闯	王晓雷
王馨笛	王雁雯	王 雨	魏嘉晖	魏鑫格	瓮子江	吴 昊
吴 丽	吴 俣	武佩峰	武 欣	武 艺	相 卓	肖 明
燕 梅	杨琳玲	杨青泉	杨玉婷	姚凯珩	叶宇翔	殷 玥
于丽楠	袁加欣	曾月莹	张 东	张国立	张海涛	张 慧
张京善	张 柯	张 莉	张明飞	张晓敏	张 旭	张 禹
张智雄	张子红	赵 芳	赵 森	赵 山	赵 昕	赵 悦
郑长宏	郑志宏	周建强	周金环	周 敏	周 颖	朱庆煊
朱婷婷						

总　序

在当今信息技术迅猛发展的背景下，人工智能（AI）已成为推动社会进步的关键力量。向小学生普及人工智能相关知识，培养适应未来社会的创新人才，是新时代人工智能发展的必然要求。

本套书致力于开展人工智能普及教育，重点培养小学生的逻辑思维、批判思维和问题解决能力，引导小学生掌握人工智能的基本知识、认识人工智能在信息社会中的重要作用、运用人工智能技术解决生活与学习中遇到的问题。通过本套书的学习，学生能够获得人工智能的基本知识、应用技能，在运用人工智能技术解决实际问题的过程中，成长为具备良好信息意识，具有计算思维、创新能力及社会责任感的公民。

本套书的学习内容均来自真实的生活场景，以问题引入，以活动贯穿，运用生动活泼、贴近生活的案例进行概念的阐述。同时，本套书还注重契合小学生的学习特点，避免了单纯的知识传授与理论灌输。本套书围绕学生在学校、家庭、社会中的所见所闻展开学习活动，采用体验式学习、项目式学习与探究性学习的形式，在阐述概念和理论的基础上，提升学生的学习兴趣，加深学生对人工智能

一样筛选特征，并通过快速查找找到目标对象，直观感受 AI 在大数据处理中的逻辑。

第四单元通过"坐标"这一术语，让同学们学习描述和定位物体的位置。无论是模拟机器人导航路径，还是设计藏宝地图，这些活动都能让同学们理解 AI 如何通过坐标和路径规划完成任务。通过这些实践，同学们掌握的不仅是工具的应用，更是 AI 技术在空间定位中的核心思想。

本书通过贴近生活的趣味设计，将 AI 的基础知识融入日常情境，激发同学们对科技的兴趣。通过四个单元的实践活动，同学们不仅学习了指令、排序、搜索和定位的知识，还在实践中培养了创造力和解决问题的能力。这些能力是迈向未来 AI 时代的关键。

本书是同学们通往人工智能世界的一扇门。通过这一系列的学习活动，我们希望每一个同学都能在探索中发现乐趣，在成长中培养逻辑思维和创造力，为迎接未来的 AI 挑战做好准备。

主编 田迎春

目 录

第1单元

我是小小安全员——认识指令

单元背景描述

在一个阳光明媚的早晨，一年级的小朋友们在操场上快乐地玩耍。有的小朋友在放风筝，有的小朋友在玩滑梯，还有小朋友在追逐嬉戏。老师站在一旁微笑着看着他们，不时地提醒小朋友们注意安全，并告诉他们要听从游戏的指令。那么，指令到底是什么呢？

在本单元里，我们将一起认识指令，看看在现实生活中和计算机的世界里，指令到底是什么。

第 1 课　我是指挥官——认识常见指令

活动目标

　　1.认识常见指令；

　　2.体验下达指令、接收指令、执行指令。

活动内容

　　在一个星期一的早上，一年级的同学们在家长的带领下，来到小区门口等待校车。不一会儿，校车缓缓驶来，停在指定位置，跟车老

师要求同学们有序上车。校车开动了，在马路上平稳地行驶着，当校车经过一个路口时，司机按照交通规则减速慢行。至此，同学们从排队等车，到上车，车开动，车到路口减速慢行，所经历的事物都是按照一定的指令工作、运转的。那么，指令到底是什么呢？接下来，就让我们一起揭开指令的神秘面纱吧！

❮活动 **1** 我是游戏指挥官——体验指令

活动规则：选一个人当指挥官，指挥官会发布各种好玩的指令，如"摸摸头""拍拍手""跺跺脚"等。大家要认真听指挥官说的话，然后迅速、准确地做出相应的动作。如果动作做得对，就能得到分数啦！（老师可先带领同学们模拟一次哦！）

每一轮游戏结束后，便换一位同学来当指挥官。每一轮游戏的时间是 2 分钟。在这 2 分钟里，同学们要尽可能快地根据指挥官所下达的指令完成相应动作，完成的动作越多，获得的分数就越高。

游戏全部结束后，我们来看看每位同学都得了多少分。得分高的同学可以得到奖励哟！大家准备好了吗？让我们开始游戏吧！

说一说：游戏结束了，你玩得怎么样？且在这个游戏

中，你觉得指令是什么呢？

其实指令就像是一个精确的指示牌，明确地告诉我们要去做什么、怎么做。

❮活 动 ❷ 我的指令——认识指令

指令在我们的生活中非常常见，除语言指令外，还存在着其他形式的指令，如指令灯、指示牌等。你知道下面这些交通标志的含义吗？请用铅笔将交通标志与它们对应的正确含义连接起来。

直行或向左转弯　直行或向右转弯　向左或向右转弯　直行　向左转弯　向右转弯

在我们的生活中还有很多其他的交通标志，你认识它们吗？你能把它们画出来吗？

知识点总结拓展

　　在本节课中，我们了解了指令的含义，认识了生活中的部分指令，在活动中体验了下达指令、接收指令和执行指令。其实在人工智能的奇妙世界里，指令是一个十分重要的存在，它如同给智能机器下达的特殊任务书，告诉智能机器要去执行什么样的操作、完成什么样的任务。你知道在生活中还有哪些指令吗？

第 2 课　我是协管员——认识图形指令

活动目标

1. 认识图形指令，初步树立交通安全意识；

2. 能够根据实际情况，使用图形指令完成安全路线的设计。

活动内容

同学们上学和放学正是一天中道路最拥堵的时候，人多，车辆也多，我们必须注意交通安全。然而，生活中有些人会做一些危险行为，如乱穿马路、不走人行道等。本节课我们将学习交通安全知识，识别不安全的行为，同时利用图形指令完成安全路线的设计。

‹ 活动 **1** **我是交通协管员——设计交通标志**

通过上节课的学习，我们认识了一些交通标志。这些交通标志很重要，它们能告诉我们怎么做才是安全的。今天，我们就一起来玩一个超级有趣的游戏，尝试设计一个交通标志（图形指令）。

活动规则：小朋友们分成几个小组，每个小组都要设计一个交通标志。当一个小组展示他们设计的交通标志时，请其他小组的小朋友来猜猜这个小组设计的交通标志的含义是什么。如果猜对了，大家一起为他们鼓掌。如果猜错了，展示小组可以给其他小组一次提示。如果提示后其他小组还是猜错了，展示小组就公布答案，然后大家一起探讨猜错的原因。最后，展示小组还可以根据大家讨论的结果再次修改他们设计的交通标志。

小朋友们准备好了吗？让我们开始游戏吧！

将你所在小组设计的交通标志绘制出来吧！

想一想：你所在小组设计的交通标志有哪些优点？还有哪些需要改进的地方？

〈活动 ② 设计放学回家路线——我的图形指令

人工智能发展到今天完全可以识别交通指令。接下来，我们来试一试，看看我们设计的图形指令能否帮助小机器人顺利完成任务。

下面是一张校园周边的地图。为了方便记忆，把地图分割成若干个区域：竖着有 4 列，用字母 A ～ D 从左往右依次表示每一列；横着有 3 行，用数字 1 ～ 3 从下往上依次表示每一行；小机器人每走一步就需要一个指令。

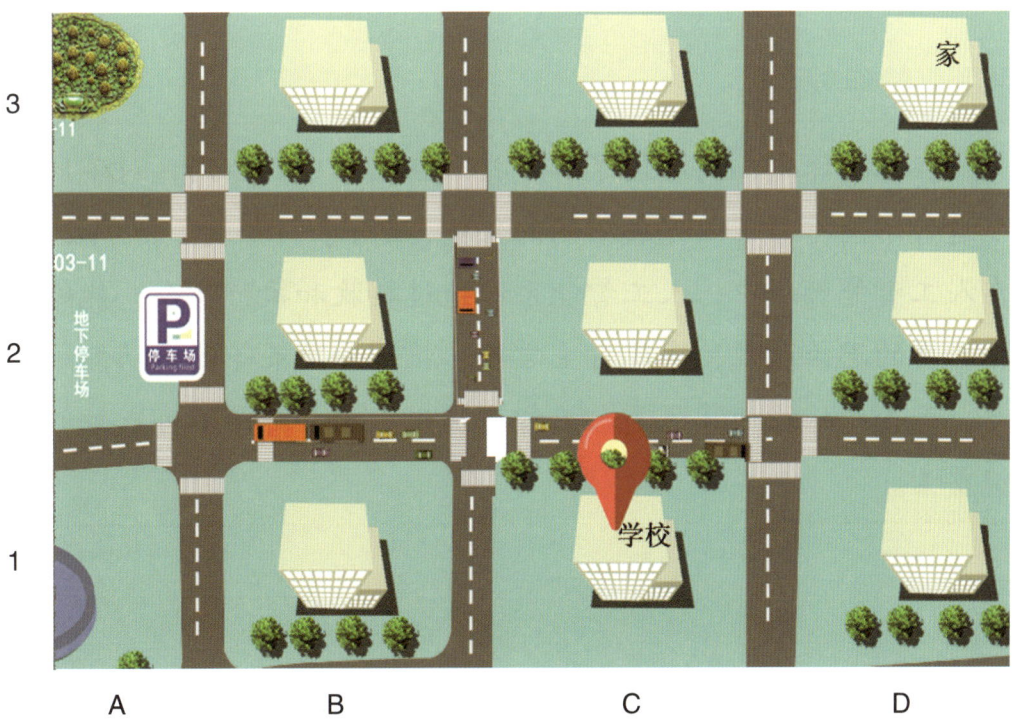

活动规则：假设小机器人也上学，请按照上页图中学校和家的位置，设计小机器人放学回家的路线，先用自然语言描述路线图，然后用设计好的图形指令表示上述路线。

思考与填表：执行一次从学校回家的任务需要多少条指令，每种指令用了多少次呢？请填写下面的表格。

图形指令 （绘制出来）	↑	↰	↱
个数			

从学校回家是不是还有不同的路线呢？这些不同的路线是不是上面表中不同指令的不同排序呢？

知识点总结拓展

在本节课中，同学们了解了指令在生活中的应用，对不同指令进行不同排序可以完成不同的任务，且同学们尝试了指令设计。在人工智能领域中，人工智能系统通过接收和执行指令，能够模拟人类的思维过程，实现自主学习、推理和决策等高级功能。总之，无论是传统计算还是人工智能应用，指令都是不可或缺的关键要素。

第3课　指令小侦探——识别方位指令

活动目标

1.认识东、南、西、北4个方位；

2.根据要求设计最短路线，并借助方位描述路线。

活动内容

在放学回家的路上，有人向你问路，作为指令小侦探，你能向他描述出一条最短路线吗？

〈活动 ❶ 我是方位小达人——辨认方位

活动规则：请同学们根据生活常识及科学课上学过的知识，初步猜想并讨论辨认方位的方法，回答正确即可获得奖励。

〈活动 ❷ 我是路线导航员——设计路线

现在的交通路线四通八达，但哪条路线通往目的地最短、最省时呢？请根据下页图和活动规则找出最短路线。

活动规则：老师发布路线设计要求——"学校门口—

超市—家"；同学们分组合作，根据要求设计路线，并摆放指令卡片。

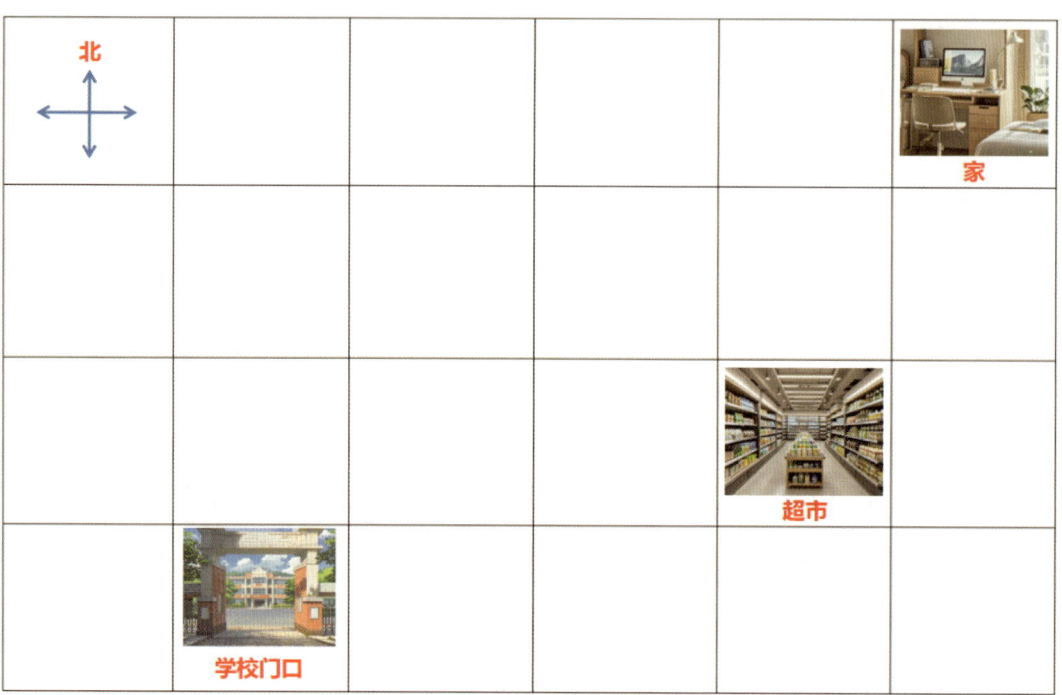

你使用了几张指令卡片？请记录在下面的表格中。对比一下，看看小组内谁使用的指令卡片数量最少。使用指令卡片最少的路线就是最短路线。

指令卡片	↑	←	↱
张数			

请同学们根据所学的方位知识，进行路线描述（每个

小格代表 10 米），如"从学校门口出发，先向北走 10 米，再向东走 30 米……"完成任务的小组可获得奖励。

知识点总结拓展

在生活中，根据要求，按照步骤一步步按顺序完成一件事情，这种执行方式叫作顺序执行。在本节课中，根据要求，一步步按路线行走，也是顺序执行。在计算机编程中，顺序执行是指按照代码的编写顺序依次执行每一条指令。顺序执行是最基本的程序执行方式。

第4课　指令机器人——循环指令

活动目标

1. 初识循环指令；

2. 在活动中培养编程思维、计算思维及解决问题的能力。

活动内容

公交车是同学们上学、放学乘坐的重要交通工具。今天，同学们将成为公交路线优化小专家，通过循环指令，设计更高效的公交路线。

〈活动 **1** 探秘循环指令

大自然中蕴含着很多规律，如太阳的东升西落及四季的更迭。下面，请同学们一起来寻找规律吧！

活动规则：请仔细观察图片，你能找出其中的规律吗？请说一说图中问号处分别是什么动物吧！

同学们都发现了图片中动物的重复规律，真是太棒了。重复规律在计算机编程中，也叫作"循环"。接下来，我们一起初步认识一下循环指令吧。

循环指令：循环是一种特殊的重复方式，可以让一组指令或一段代码在满足条件的情况下重复执行，直到满足结束条件。

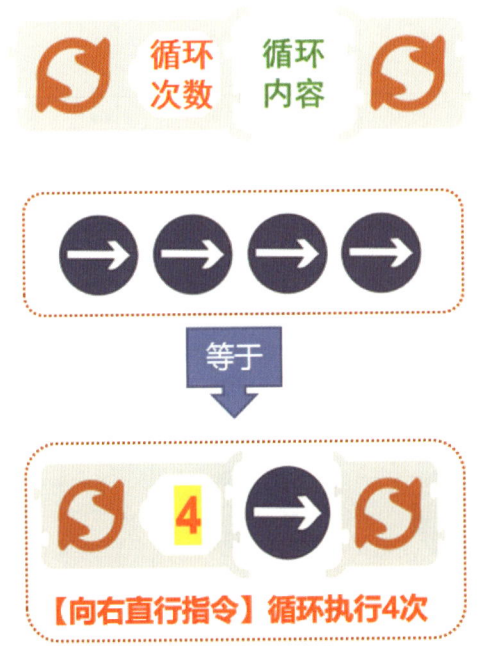

〈活动 ❷ 公交路线探索

认识了循环指令，你知道如何使用它吗？接下来我们一起使用循环指令设计公交路线吧。

活动规则：老师设定公交车的起点站、终点站及中间站点；同学们分组合作，讨论如何利用循环指令来探索公交车从起点站到终点站的行驶路线，并记录循环的内容和循环次数。

						★
						终点站
公交站1				公交站2		
公交车起点站						

快来把你使用的循环过程记录下来吧。

循环的内容（请在指示标志下面画√）	循环次数
↑ ← ↱	循环（　　）次

知识点总结拓展

在计算机编程中，当需要多次执行同一段代码时，使用循环指令可以简化代码的编写并提高效率。掌握循环指令的使用方法对于程序员编写高效、灵活的程序至关重要。目前，循环指令已成为程序员处理重复性任务的有力工具。

单元总结

在本单元中，同学们通过游戏知道了指令的概念。指令在我们的生活中非常常见，它可以以语言、图形、代码等形式呈现。同学们还设计了自己独有的图形指令，并且利用图形指令引导小机器人完成了高难度的任务。

我的收获

通过本单元的学习，你对以下知识掌握了多少呢？动手涂一涂吧！

我认识生活中的常见指示标志	☆ ☆ ☆ ☆ ☆
我知道东、南、西、北 4 个方位，并能简单说出辨别方位的方法	☆ ☆ ☆ ☆ ☆
我初步认识左转指示、右转指示、直行指示等标志，能够根据要求设计简单路线	☆ ☆ ☆ ☆ ☆
我乐于和同伴一起动手实践，并分享自己的想法	☆ ☆ ☆ ☆ ☆
我树立了交通安全意识	☆ ☆ ☆ ☆ ☆

第 2 单元
争分夺秒——学习分类及排序

单元背景描述

当需要打扫教室时，如果仅靠一个人，打扫工作（包括扫地、擦黑板等）会花很长时间。但要是几个人一起打扫，有人负责扫地，有人负责擦黑板……就能更快地完成打扫工作。可见，分工合作可以更快地解决问题。接下来，让我们通过游戏和模拟任务，一起来学习分类和筛选、排序和顺序、合作和分工等概念吧！

第 1 课　整理有学问——理解分类和筛选

活动目标

1. 认识多种分类和筛选方法；
2. 了解计算机单一任务和多任务处理模式。

活动内容

上课啦！同学们迅速回到座位上坐好。老师走进教室，带来一堆积木，问道："同学们，这么多不同形状、不同颜色的积木堆在一起，请你们仔细观察一下，想一想该如何将它们分类呢？"

〈活动 **1** 积木分类大比拼

请同学们自由分组，以小组的形式完成积木分类挑战，老师为每组分发一堆不同形状、不同颜色的积木。每组选出一名组长，负责协调小组成员。

活动规则：思考积木分类标准（如按积木颜色、积木形状分类等），各小组在规定时间内将积木分类整理好。游戏结束后，每组展示自己的积木分类结果，并解释积木分类标准。

思考：共有几种积木分类结果呢？各小组是怎么进行积木分类的？

〈活动 ❷ 争分夺秒来分类

　　活动规则：两名同学一组，使用同样一组混乱的积木，两名同学分别采用不同的积木分类策略进行积木分类整理比赛。比赛开始前，先将积木彻底打乱，并准备好收纳盒用于收集分类后的积木。在各小组内，一名同学采用顺序分类策略，另一名同学则采用同时分类策略。记录两人完成积木分类整理所用的时间，比较哪种分类方法效率更高、用时更短。

顺序分类：

一次整理一个类别的积木，如先整理木质积木，整理完毕再整理塑料积木，直至所有积木分类完成。

同时分类：

准备多个收纳盒，拿起一块积木直接放入对应的收纳盒中，直至所有积木分类完成。

　　思考：同学们，你们最喜欢的分类方法是什么？

知识点总结拓展

　　在本节课中，同学们学会了如何按照不同的分类标准（如按颜色、形状等）整理积木，了解了顺序分类和同时分类两种分类方法的不同，学会了快速分类的技巧。

　　请同学们想象一台忙碌的计算机，它要做很多事情，如播放音乐、打开网页等。计算机学会了"并行处理任务"，就像有很多小手，可以同时做很多事情。这样，当你听音乐的时候，它还能帮你打开网页，让所有的事情都能快速完成。

第 2 课 生活很有序——从排序认识顺序

活动目标

1. 认识顺序追踪排序和即时放置排序这两种策略；
2. 体会同时处理多个任务的方法。

活动内容

在一个被称为"魔法数字森林"的奇幻世界中，小探险家们的前行之路被神秘的数字卡片挡住了。小探险家们需要将这些数字卡片按从小到大的顺序重新排列，只有这样，才能解开森林的"魔法"，继续他们的探险。

‹ 活 动 ① 数字卡片排序

准备一组数字卡片，每张卡片上分别印有 1 ～ 13 中任意一个数字，将数字卡片打乱顺序。

活动规则：两人合作尝试不同的数字卡片排序方式，将一堆混乱的数字卡片按从小到大的顺序重新排列。比一比哪种排序方式最快。

> **顺序追踪排序：**
> 一名同学需要从一堆混乱的数字卡片中找到 1，另一名同学负责找到 2，并按从小到大的顺序放置好数字卡片。两人轮流寻找，直至完成全部数字卡片的排序。

> **即时放置排序：**
> 数字卡片被随机翻开，两名同学需要立即将翻开的数字卡片放在桌上适合的顺序位置，直到所有卡片均被放在从小到大的合适的位置上。

思考：两种排序方式你更喜欢哪一种？为什么？

‹ 活 动 ② 扑克牌排序

接下来我们玩一个扑克牌排序游戏，比一比哪个小组最快完成扑克牌排序。

活动规则：准备两副扑克牌，分别将扑克牌打乱。同学们自由分组，比赛双方采用不同方法，将同一花色的扑克牌按从小到大（A、2、…、10、J、Q、K）的顺序依次排序。看哪个小组能最快完成扑克牌排序。

思考：你是如何快速完成扑克牌排序的？

知识点总结拓展

在本节课中，同学们学会了如何有效地进行分类和排序，能够迅速识别并归类不同花色与大小的扑克牌，也能将混乱无序的数字卡片迅速有序整理。

　　智能图书分拣机器人本领大。当读者把书还回去后，机器人会用扫描器扫描书上的特殊代码。这个代码含有图书在图书馆中的摆放位置信息。机器人扫码读取信息后，就知道图书的摆放位置了，然后会按照事先设置好的流程，把图书放回正确的位置。这样，图书馆里的图书就会整齐又有序啦！找一找生活中其他排序的例子吧！

这些特殊编码，为所有图书设定好了各自在图书馆中的摆放位置

第 3 课　速度来对决——排序中的比较

活动目标

1. 体验串行排序和并行排序；
2. 能够说出串行排序和并行排序之间的差异。

活动内容

同学们，你们在生活中见过哪些神奇的机器呢？它们都长什么样子？今天，让我们一起走进机器王国，来一场机器拼图比赛吧！

〈活动 **1** 机器拼图比赛

有一张如上页图所示的机器拼图，现在已经被完全打乱。你会用怎样的方法又快又好地完成这张有趣的机器拼图呢？请你观察不同的图案并说明拼图方案，然后开始拼图吧。

边和角落优先：先找边、角拼图块，进行拼接

颜色分区：先找到颜色接近的拼图块，进行拼接

串行排序是一种按顺序逐步完成任务的方法。就像拼图一样，一步一步慢慢拼：先从边缘部分开始寻找拼图块，再逐步拼合内部的细节，最终完成整幅拼图。

你用的是串行排序的方法吗？如果没有，请试一试这种方法。

思考：你是怎样完成拼图的？用了多长时间？有没有更快的拼图方法？

〈活动 ② 合作拼图

这幅拼图共有 100 块，请你邀请一个小伙伴一起来合作完成拼图吧。

活动规则：你可以先和小伙

伴商量拼图方案，即采用什么拼图方法，以及如何分工。确定好拼图方案后，你们一起来完成这个拼图任务吧。

并行排序是一种同时处理多个任务的高效策略。就像多人协作完成拼图，每个人负责拼不同的区域，同步推进，从而大幅提升拼图速度和效率。这种方法适用于需要快速完成或复杂度较高的任务。

你们用的是并行排序的方法吗？如果没有，请试一试这种方法。

思考：这次拼图你们用了多长时间？为什么采用并行排序方法进行拼图更快？你们是怎么做到的？

知识点总结拓展

在本节课中，同学们通过对比独立拼图与分工拼图，认识了两种不同的排序方法：串行排序和并行排序。

在计算机科学中，多任务同时执行是很重要的。就像你和朋友一起完成拼图一样，计算机使用"并行处理"技术来同时执行多个任务，这样可以提高速度和效率。现代计算机有多个处理器核心，每个处理器核心均可以同时处理不同的任务。

第 4 课　排序高手——应用并行排序

活动目标

1. 应用并行排序解决问题；
2. 了解并行排序解决问题的过程。

活动内容

想象一下，晚餐时间，一家餐厅正处于繁忙之中，厨房里多位厨师分工明确，并行作业，忙碌地准备着各式各样的菜肴。此时，不同餐桌的顾客都在焦急地期盼着自己点的美食能够尽快上桌。在这样紧张的氛围下，如何既迅速又高质量地呈上菜品，以满足每一位顾客的用餐需求，无疑是一项艰巨的挑战。

角色	工作职责
厨师长	负责整个厨房的管理和协调工作
凉菜师傅	制作凉菜
主食师傅	制作米饭、馒头等主食
热菜师傅	烹饪需要用火、电等制作的热菜

〈活动 1 设计晚餐套餐

　　餐厅有不同的菜品（凉菜、热菜、主食）。你作为厨师长，需要设计晚餐套餐供顾客选择。套餐要包括一道凉菜、一道热菜和一种主食。

凉菜	热菜	主食
凉拌黄瓜：需制作5分钟 糖拌西红柿：需制作5分钟	西红柿炒鸡蛋：需制作15分钟 土豆烧牛肉：需制作40分钟	米饭：需蒸25分钟 馒头：需蒸20分钟

　　请同学们至少列举出两种套餐，并给出制作每种套餐的总时间。

套餐名称	凉菜	热菜	主食	制作总时间
套餐 A				
套餐 B				

　　思考： 如果餐厅只有一位厨师制作套餐 A，需要多长时间？现在三位厨师通过并行排序制作套餐 A，节省了多少时间？

‹ 活动 2 用并行排序展示了不起的晚餐套餐烹制过程

同学们三人一组，一人扮演厨师长，两人扮演顾客。顾客选择一种套餐（包括两道凉菜、两道热菜、一种主食）。餐厅中每类菜品和主食都由对应的厨师负责。请厨师长给出顾客需要等待的时间。

请应用并行排序以在客流量大的晚餐时段，减少顾客用餐等待时长。使用流程图记录菜品和主食制作时间，并计算制作总时间。

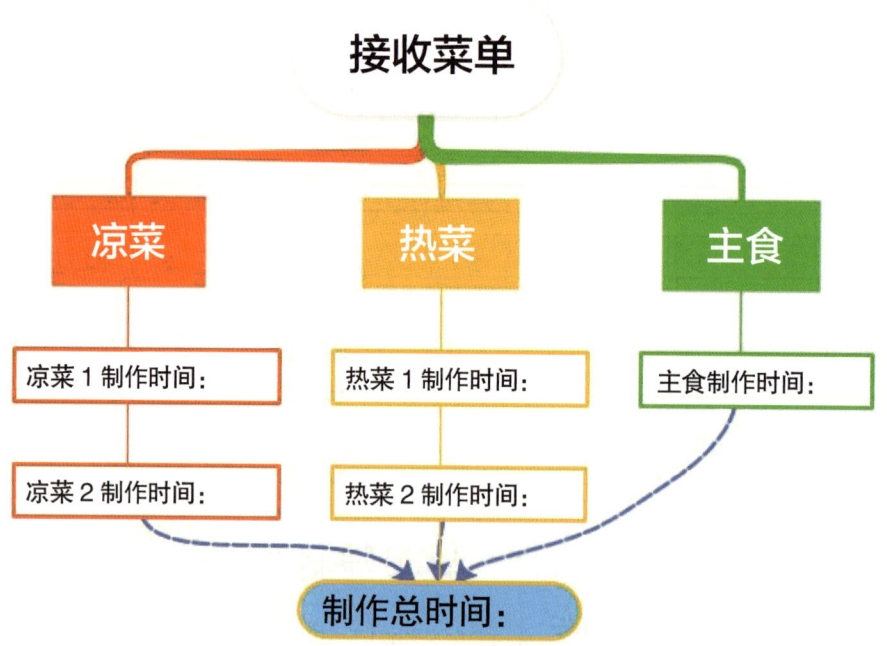

思考：在工作中，如何通过并行排序来提高效率？比如团队中的每个成员负责不同的任务，怎样能够让所有任务尽快完成？

知识点总结拓展

并行排序就像多位厨师同时在厨房里制作不同的菜品。每位厨师负责一类菜品，他们同时开始工作，这样比只有一位厨师负责制作所有菜品快得多。当所有厨师共同完成了一个套餐的制作，服务员会按照顾客的点单顺序将一个套餐的菜品摆放好，然后端给对应的顾客。生活中还有很多类似的应用，同学们快尝试用这种方法在家里和爸爸妈妈一起做一顿又快又美味的晚餐吧！

单元总结

在本单元中,同学们从身边熟悉的事物入手,通过分类、排序来解决生活中的问题,感受生活中分类与高效排序的乐趣。

我的收获

通过本单元的学习，你对以下知识掌握了多少呢？动手涂一涂吧！

我认识了多种分类方法	☆ ☆ ☆ ☆ ☆
我能够区分串行排序与并行排序	☆ ☆ ☆ ☆ ☆
我学会了通过顺序追踪和即时放置来优化排序过程	☆ ☆ ☆ ☆ ☆
我在生活中找到了并行排序的应用场景	☆ ☆ ☆ ☆ ☆
我积极地与小组同学一同参与了对分类、排序的学习	☆ ☆ ☆ ☆ ☆

第 3 单元
搜索挑战——查找有方

单元背景描述

查找物品是我们日常生活中时常要做的事情。比如在家中找某个玩具，在超市中找最喜欢的零食，在学校里找一本书，或者在字典里查找某个生词。这些看似平常的查找其实都蕴藏着一些小技巧。

在这个单元中，让我们一起进入神奇的查找世界吧！这里有很多有趣的活动，正等着我们去探寻查找的奥秘。通过学习和实践，我们将能更好地解决生活中的问题。

第1课　神秘数字——解锁查找

活动目标

1. 体验有序查找和无序查找；
2. 了解有序查找与无序查找之间的区别。

活动内容

小伙伴想和你一起玩纸牌游戏，可是玩具箱里的玩具太多了，你能帮他找一找纸牌吗？

《 活动 **1** 寻找纸牌

在一个不透明的盒子中，装有多张写着各种玩具名称的卡片，如写着纸牌、小汽车、望远镜、魔方……你将如何从中找到写着"纸牌"的卡片呢？先跟你的小伙伴沟通一下想法，再动手试一试吧！

〈活动 2　这组纸牌中有几个 8？

同学们两人一组，每人分别抽取 10 张纸牌，按照从小到大的顺序将牌扣放在面前，让对方先猜猜自己面前有几张纸牌上的数字是 8，再逐一翻看验证，看看谁猜对了。

知识点总结拓展

在计算机科学中，"查找"就是在一些数据元素中通过一定的方法，找出指定的数据元素。就像我们在玩具箱中找纸牌，在纸牌中找写有某个数字的牌。

查找的方法有很多，查找可以分为无序查找和有序查找。这里的无序指的是数据元素间没有一定的序列关系，就像箱子中没有排序的玩具；有序指的是数据元素按照一定规律排序，就像从小到大排序的纸牌。

你能举几个有序查找和无序查找的例子吗？或者试着将纸牌游戏改成无序查找游戏。

第 2 课　查找挑战——谁是查找高手

活动目标

1. 了解二分查找法；
2. 尝试使用二分查找法查找信息。

活动内容

　　小矮人在玩"寻宝"游戏，其中一个小矮人把宝藏藏在了某一节车厢里。你可以快速找到它吗？

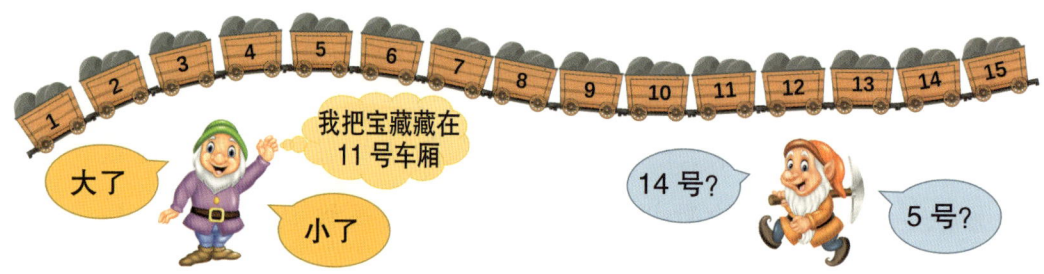

〈活动 **1** 快速寻找宝藏

　　同学们两人一组，一人负责将宝藏藏在某一节车厢内，另一人则通过猜车厢号的方式来寻找宝藏。负责藏宝藏的同学仅能用"大了""小了""就在这里"这样的回答来指引寻宝者，直到宝藏被找到。数一数，寻宝者一共查找了几节车厢？同学们试试用二分查找法（见本节课的知识点总结拓展）去查找宝藏。

提示：

（1）可以使用纸杯、橡皮等实物模拟车厢与宝藏。

（2）每次提问是否可以多排除一些车厢？

‹ 活动 2 维修矿车

快速在 8 个型号的扳手中选择一个合适的扳手拧紧矿车松动的螺母，要快！你最多需要尝试几次？你是怎么做的？

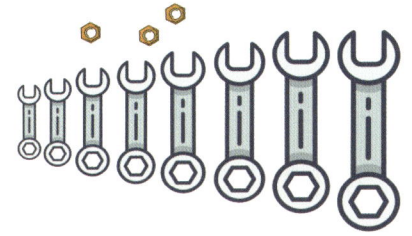

知识点总结拓展

二分查找法也叫折半查找法，是一种有序查找方法。二分查找法不是从头开始逐一查找，而是每次都选取数据序列中间的数据进行匹配。根据数据序列的特点，这样每次匹配均可以去掉一半的数据，查找效率也会大大提高。

试一试，用二分查找法从 1 ～ 20 中找到数字 8，分几步？可以动手画一画，或者用卡片摆一摆。

第 3 课　生活有查找——查找有方法

活动目标

1. 理解二分查找法；
2. 学会用二分查找法查找信息。

活动内容

狮子王国要收集森林里动物的信息。为了提高效率，它们制作了一台智能机器。该机器可以根据动物的耳朵特征来进行动物识别。

〈活动 1 找一找

活动规则

步骤一：划掉长耳朵（把动物分为长耳朵类与短耳朵类）；

步骤二：划掉尖耳朵（把剩下的动物再分为尖耳朵类与圆耳朵类）；

步骤三：划掉彩色耳朵（把剩下的动物再分为彩色耳朵类与黑白耳朵类）。

同学们，最后还剩下哪只动物呢？

提示：利用二分查找法，每次可以减少一半需要查找的数据量。这里对二分查找法进行了扩展，每次可减少一类动物的数据量。

❮活动 **2** 填一填

"森林硬币"的价值如下图所示，你能用二分查找法快速找出有 4 颗松子的硬币吗？当然在实际查找过程中你看到的是硬币的背面。

步骤一：_____

步骤二：＿＿＿＿＿＿＿＿＿＿＿＿＿＿＿＿

步骤三：＿＿＿＿＿＿＿＿＿＿＿＿＿＿＿＿

步骤四：＿＿＿＿＿＿＿＿＿＿＿＿＿＿＿＿

知识点总结拓展

　　你有一堆玩具熊，都按从小到大的顺序进行了编号，如熊1、熊2、熊3……但编号只有把熊拿起来才能看到。现在需要找到指定编号的玩具熊，比如熊5。你可以利用二分查找法找到它，如下所示。

　　1.找中间：先看最中间的玩具熊的编号是不是你要找的编号。

　　2.比较：如果不是，比较最中间的玩具熊的编号与你要找的编号，如果其大于你要找的编号，则在最中间的玩具熊左边的所有玩具熊中再继续使用二分查找法，如果其小于你要找的编号，则在最中间的玩具熊右边的所有玩具熊中再继续使用二分查找法。

　　3.重复：一直这样做，直至找到那只指定编号的玩具熊。

第 4 课　查找大师——二分查找游戏

活动目标

1. 理解二分查找法的价值；
2. 应用二分查找法完成闯关游戏。

活动内容

狮子王国制作了一个图形识别机器人，该机器人通过排序能快速找到收货人需要的快递包裹。快递包裹外包装均印有不同数量的星星以及三角形、正方形或圆圈。

〈 活 动 **1** 快递包裹排序

排序方法：

先按一颗星、两颗星、三颗星、四颗星的顺序为快递包裹排序。

再按三角形、正方形、圆圈的顺序排序。

提示： 使用二分查找法前需要对快递包裹进行排序。

〈 活 动 **2** 查找快递包裹

查找方法：

1. 查找星星数量，定位收货人的快递包裹所处区域。

2. 再查找三角形、正方形、圆圈的快递包裹，找到包裹主人。

知识点总结拓展

二分查找法的使用总结：

1. 按要求快速排序，使数列有序；

2. 提高搜索效率，二分查找法能快速定位，便于找到目标。

单元总结

　　在本单元，同学们从查找身边物品入手，通过神奇的查找游戏体验，学习了二分查找法；理解了二分查找法的原理，并运用所学知识查找物品信息；理解了二分查找法在日常生活中的巧妙应用。

我的收获

　　通过本单元的学习，你对以下知识掌握了多少呢？动手涂一涂吧！

我了解了有序查找与无序查找的区别	☆ ☆ ☆ ☆ ☆
我理解了二分查找法的原理	☆ ☆ ☆ ☆ ☆
我学会了用二分查找法查找物品信息	☆ ☆ ☆ ☆ ☆
我灵活应用二分查找法完成了闯关游戏	☆ ☆ ☆ ☆ ☆

第4单元

战舰定位——体验快速搜索

单元背景描述

在教室里，你是如何快速找到自己的座位的？在电影院里，你又是如何根据门票信息准确找到对应座位的呢？其实，在这些场景中，都是"位置信息"帮助我们更快地找到目标！现在，首先让我们一起进入"寻宝"活动，根据宝藏的位置描述来搜索宝藏，看看谁能最快找到宝藏。然后，我们一起进入"战舰定位"活动，根据坐标信息来进行战舰定位，看看谁能最快歼灭对方的战舰。这两个有趣的活动不仅能给我们带来快乐，还能教会我们一种很有效的寻找方法，提高我们的寻找效率！

第 1 课　坐标定位——基础的搜索技巧

活动目标

1. 使用坐标准确标记和描述物体的位置；

2. 在搜索过程中能够使用策略保证搜索目标不重复、不遗漏。

活动内容

海盗船长将自己的宝藏埋藏在了深海中，并用地图记录了宝藏的埋藏位置。可以使用坐标定位的方法标记宝藏位置，如图中的宝藏藏在了（D,3）处。

〈活动 **1** 藏宝寻迹——坐标对决

　　同学们两人一组，分别扮演海盗船长（藏宝人）和寻宝人，每人持有相同的网格地图，地图上每个方格均可用坐标标记 [如（A,1）、（B,3）等]。藏宝人使用铅笔在地图上选择 5 个坐标做好标记，代表隐藏的宝藏。寻宝人全程不能观看藏宝人的标记过程和藏宝地图。待藏宝人完成标记后，寻宝人手持空白地图猜测宝藏的位置。

活动规则：

　　1.寻宝人每说出一个猜测的坐标时，藏宝人需诚实地回答该坐标处是否有宝藏。

　　2.寻宝人如果猜对了，在自己的地图上用"√"标记位置；如果猜错了，则用"×"标记位置。

3. 寻宝人继续猜测，直至找出所有宝藏的位置并记录猜测的次数。

4. 一轮游戏结束后，两人互换角色，使用两张新的地图进行游戏。

两轮游戏结束后，比一比谁的寻宝次数少，寻宝次数少的一方则获胜。

请同学们思考，描述坐标的方法是什么？如何选择坐标才能不重复、不遗漏？

〈 活 动 ❷ 坐标大师——宝藏争夺战

在原有规则上，变成 3 人参与游戏，这样就需要一个更大的地图。1 人藏宝，2 人寻宝。藏宝人在地图上添加了障碍物（如礁石、地雷等，可用下页的示意图代替），宝藏的埋藏位置接近礁石和地雷。在寻宝过程中，一位寻宝人如果碰到礁石或地雷，另一位寻宝人将会多一次寻宝机会。寻宝人轮流猜测宝藏的埋藏位置，直至找出所有的宝藏，找出宝藏多的人获胜。

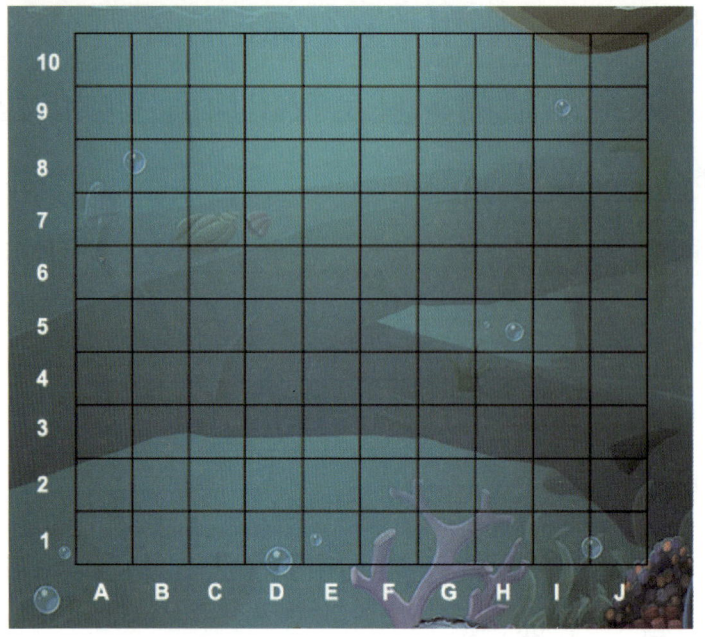

礁石示意图

地雷示意图

请同学们思考，寻宝人如何选择坐标才能更快地找出宝藏的埋藏位置。

知识点总结拓展

在生活中，我们可以使用字母和数字的组合来确定物品的位置。数字表示横排，字母表示竖列，如（B,3）表示第 2 列、第 3 行的位置。为了确保搜索不重复、不遗漏，我们可以按顺序逐排或逐列搜索。

坐标能够准确地记录位置，如智能扫地机器人也会使用坐标来标记位置。你还能在哪些活动中找到坐标的影子？

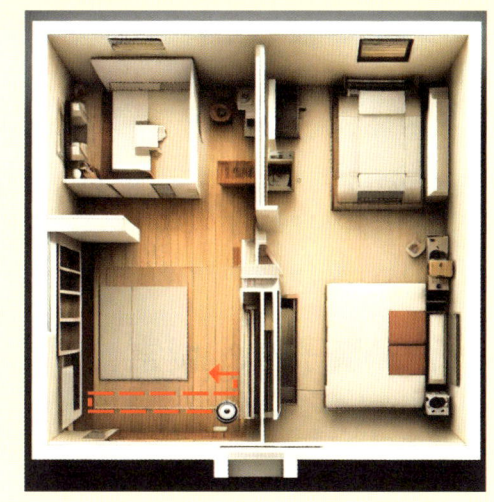

第 2 课　策略布局——高效搜索（一）

活动目标

1. 根据一个已知的目标坐标，快速地找出该目标的其他坐标；

2. 能够按照一定的顺序进行搜索。

活动内容

同学们两人一组，分别在坐标墙两侧，完成战舰部署和侦查工作。双方各派出一艘战舰，将其置于己方作战地图的坐标上，双方无法看到对方战舰的坐标。

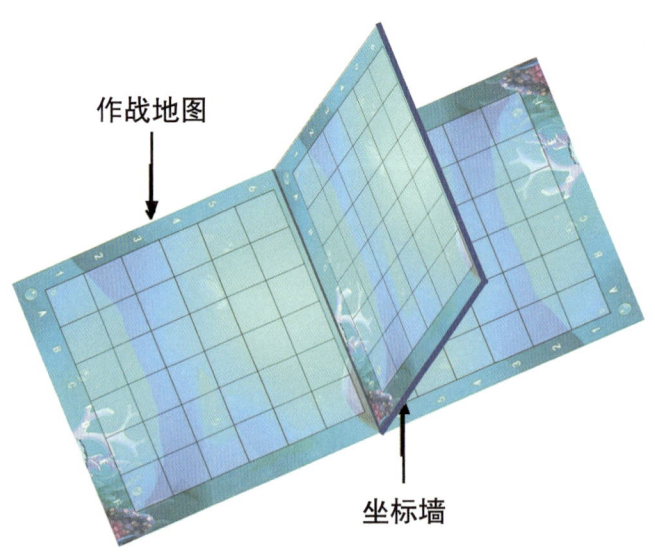

作战地图

坐标墙

〈活 动 **1** 战前侦察——坐标锁定

活动规则： 双方首先在作战地图上部署各自的战舰，随后向对方透露其中一个坐标，模拟被对方侦测到的情景，并等待对方在对方一面的坐标墙上完成标记。接下来，双方轮流猜测对方的战舰位置。当己方说出对方战舰坐标时，对方需告知该坐标是否有战舰。若猜测正确，则在己方一面的坐标墙上用"√"标记；若猜测错误，则用"×"标记。游戏持续进行，直至一方成功标记出对方战舰的所有坐标，视为击沉敌舰，率先完成者获胜。

‹活动 ② 战舰大对战——坐标搜索

双方需要各自准备 4 艘规格不同的战舰，秘密地将它们部署在己方作战地图中，战舰数量及规格如下图所示。战舰部署完毕，对战开始。先告知对方每艘战舰所在的一个坐标，等待对方在坐标墙上完成标记。接下来，在活动 1 的规则基础上，双方进行交替猜测，最先击沉对方所有战舰的一方，视为胜利。

在已知战舰的一个坐标后，战舰可能有几种位置分布情况，你能摆一摆、画一画这些情况吗？

知识点总结拓展

　　坐标是用于确定位置的一种数学工具。不仅可以使用一个点的坐标来确定目标的位置，还可以通过一组有规律的坐标来表示一个较大目标在空间中的位置，而且这组有规律的坐标会在坐标系中排成一条线，或形成一个面。

　　机器人从一个地点前往另一个地点，最快的方法是走直线。坐标就像地图上的地址，能够帮助机器人确定方向，规划直线行进路径。沿着直线走，机器人就能以最快速度到达目的地。在实际应用中，快递分拣机器人能够通过规划直线的行进路径，快速将货物进行分类。

第 3 课　策略布局——高效搜索（二）

活动目标

1. 体验搜索一"块"区域的过程；
2. 探究区域搜索策略。

活动内容

由于航空母舰的加入（航空母舰需要占据更大的空间），因此作战策略需要重新部署。下面，就让我们根据航空母舰信息，来制定相应的坐标对战策略吧！

〈活动 1 战术分析——坐标分析

航空母舰是一种以舰载机为主要战斗装备的大型水面

战舰，其吨位要比其他战舰大得多。航空母舰的规格及坐标占位情况如下图所示。

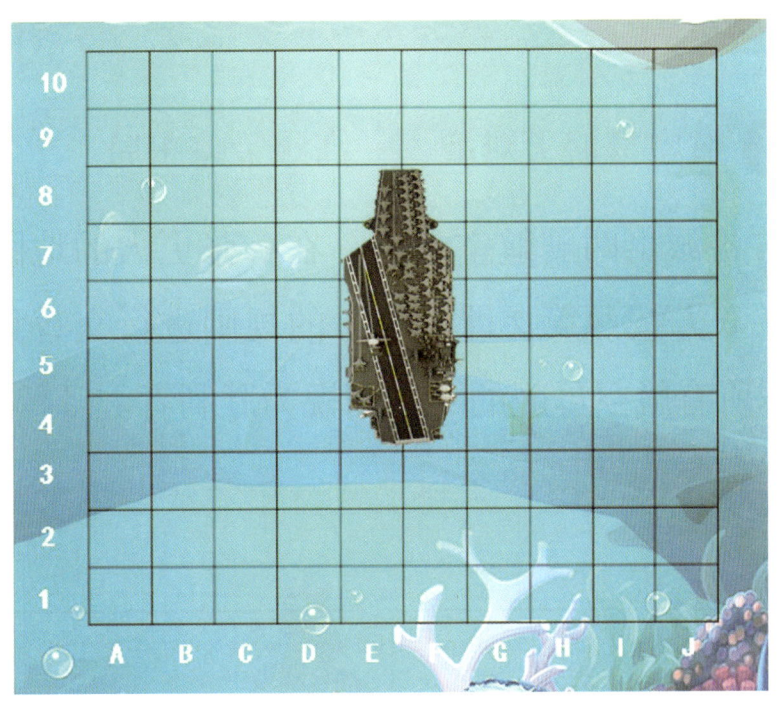

请同学们思考，当我们确定了航空母舰的部分坐标后，它会有多少种姿态呢？想一想、摆一摆，请同学们完成下表。

坐标数量及位置关系			
航空母舰可能的姿态数量			

请同学们思考，根据你的发现，你会如何部署航空母舰？你又会以什么样的策略快速、准确地猜出对方航空母舰的坐标呢？

❮ 活动 ② 航空母舰大对战——高级策略布局

双方各派出两艘航空母舰，在一张更大的地图上部署其位置。双方按照第 2 课活动 1 的规则进行交替猜测。先击沉对方所有航空母舰的一方则视为胜利者。

请同学们思考，通过活动，你有什么发现？根据这些情况，你是如何设计进攻策略的？

知识点总结拓展

人工智能 App 识别画面中多朵花的过程，可以形象地比作一位小园丁在花园中清点花朵。

首先，人工智能 App 通过其"眼睛"（摄像头或图像输入设备）捕捉整个场景，并将画面分割成无数个小格子，每个格子都有其独特的"地址"（坐标）。

然后，人工智能 App 利用其预先学习的大量花卉知识，包括花瓣的不同形态、不同花朵的颜色特征及不同花朵的整体形状等，逐一检查每个小格子。当某个格子中的内容与已知的花卉特征相匹配时，人工智能 App 会用一个边界框将该花朵标注出来，并记录下这个框的坐标信息。随后，它会继续扫描其他格子，重复这一识别和标记的过程，直到画面中所有疑似花朵的区域都被检测并标记出来。

通过这种系统而细致的分析，人工智能能 App 够高效且准确地识别出画面中存在的每一朵花，就像一位经验丰富的小园丁在花园中轻松数出花朵的数量一样。这一过程不仅展示了人工智能 App 在图像识别领域的强大能力，也体现了其模拟人类视觉感知能力的精细程度。

第4课　最终战役——快速搜索的应用

活动目标

1. 尝试组织、分析信息，解决复杂问题；
2. 向同学介绍自己的快速搜索方法。

活动内容

　　航空母舰还需与驱逐舰、潜艇等共同组成海上大型编队。由于不同战舰的大小、功能不同，因此在布局策略时，也有很多种情况。如何取得最终的胜利？大家快来试试吧！

〈活动 1 布局大师——坐标分析

活动规则：活动双方各派出 1 艘航空母舰、4 艘驱逐舰，另外最多可布置 5 颗水雷（也可不使用水雷）。相关战舰、水雷的规格如下图所示。

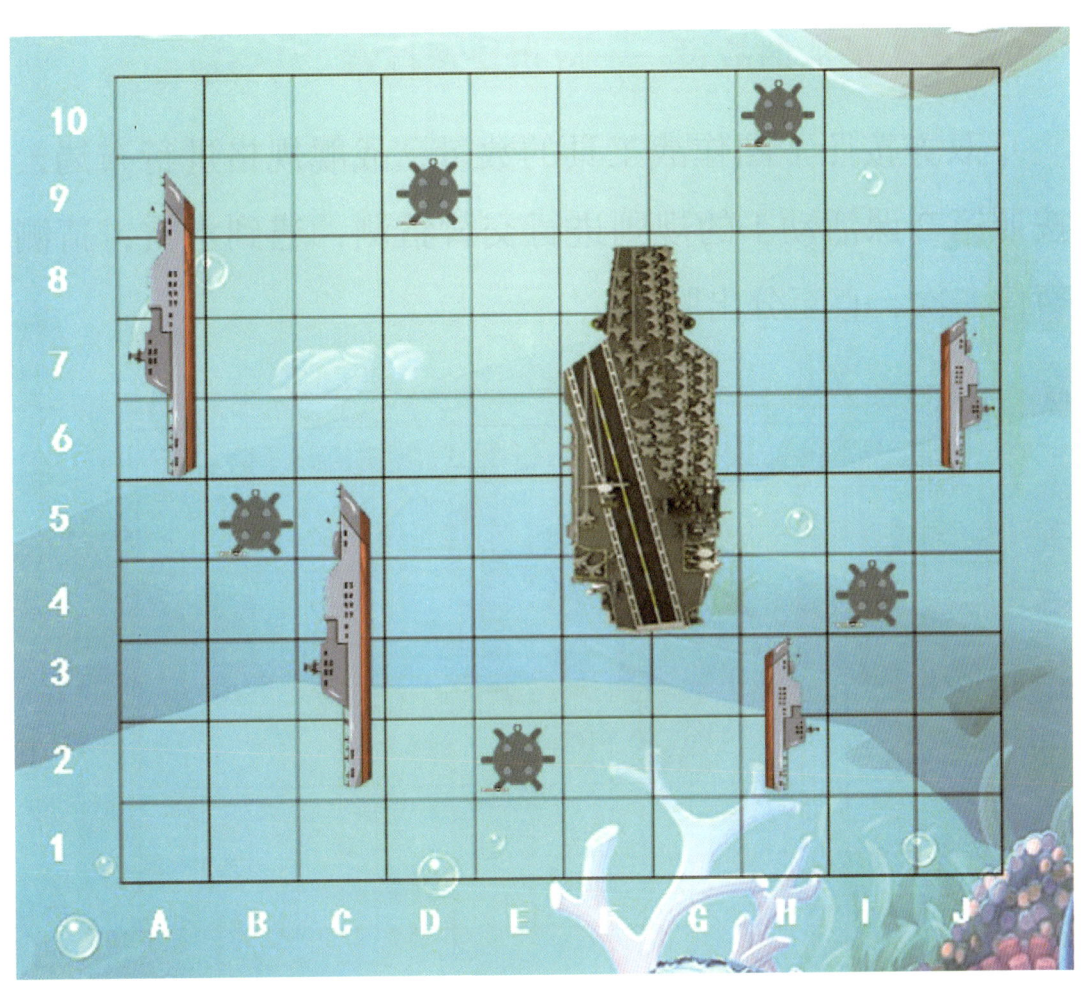

请同学们思考，从下面的选项中选择一种角度，说一说你是如何布局的？

A. 目标分散，避免目标集中被集体歼灭；

B. 驱逐舰贴身保护航空母舰，摆出奇特队形干扰对方的猜测；

C. 疏密结合，误导对方的判断。

‹ 活动 ❷ 最后的战役——应用快速搜索

双方按照下图作战工具的数量、战舰规格进行布局，按照第 2 课活动 1 的规则进行交替猜测，遇到水雷，猜测暂停一次，直至分出胜负。

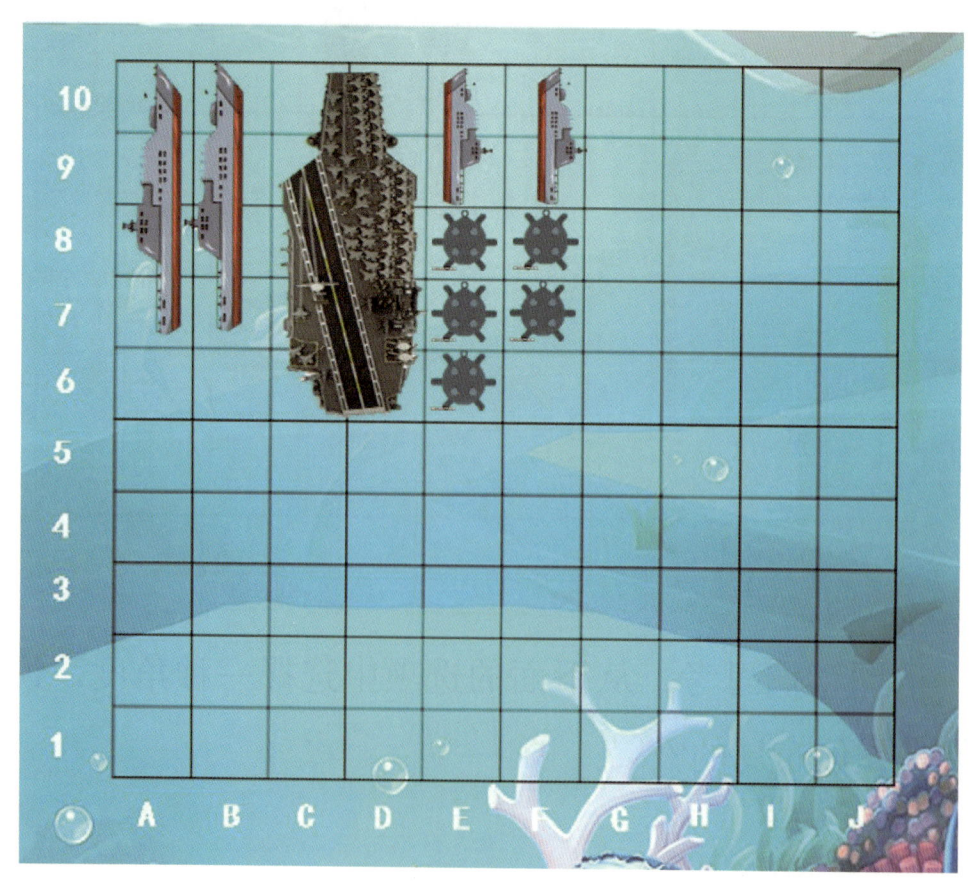

　　请同学们思考，通过活动，你有什么发现？根据这些情况，你如何进行策略的完善？

知识点总结拓展

　　为了提高搜索效率，可以根据具体情况，提炼出关键信息。通过对关键信息的分析，找到条件间的关系，作出合理的猜测。在对猜测进行尝试后，进一步得到更多、更准确的信息，帮助我们快速地进行接下来的判断，直至得到最终准确的搜索结果。

单元总结

在本单元中，我们通过活动了解了坐标的概念。坐标在很多领域中起着重要的定位作用，在我们的生活中得到了广泛应用。借助坐标，我们能够快速地定位目标位置。

我的收获

通过本单元的学习，你对以下知识掌握了多少呢？动手涂一涂吧！

我能够理解坐标定位在生活中的应用	☆ ☆ ☆ ☆ ☆
我知道如何使用坐标来描述物体的方位	☆ ☆ ☆ ☆ ☆
我学会了如何运用坐标和搜索策略来解决实际问题	☆ ☆ ☆ ☆ ☆
我尝试了以不同的策略来提高搜索效率	☆ ☆ ☆ ☆ ☆
我积极地参与了对搜索的学习	☆ ☆ ☆ ☆ ☆